뿌리는 안녕 한가요

배연옥 첫시집

책펴내열린시

가슴에 내리는 시 148

뿌리는 안녕 한가요

지은이 배연옥
펴낸이 최명자

펴낸곳 책펴냄열린시
주소 (48932)부산광역시 중구 동광길 11, 203호
전화 010-4212-3648
출판등록번호 제1999-000002호
출판등록일 1991년 2월 4일

인쇄일 2024년 11월 28일
발행일 2024년 11월 30일

ⓒ배연옥, 2024. Busan Korea
값 12,000원

ISBN 979-11-989537-1-1 03810

• 저자와 협의하여 인지를 붙이지 않습니다.
• 잘 못된 책은 바꿔 드립니다.
• 이 책의 내용 중 일부 또는 전부를 저자 및 출판사의 동의없이 사용하지 못합니다.

자서

해가 골목에 뜬다
그늘 속에 쉬어가고 싶어서
내 안에 빛이 그냥 웃는다
하늘과 연결된 통로 누구나 가 보는 길
이후에 무엇이 남아 있을까
시작과 끝을 경험하는 시 쓰기
이 시집에 담으려 한다

2024. 가을에
배연옥 시인

목차…4
자서…3

제 1 부

이데옵시스 왕나비…11
오늘은 맑음…12
늙은 호박…14
마늘…15
항아리…16
향불…17
다락방…18
구피…20
황혼녘…21
원앙새…22
몽돌네 가족…23
오늘도 목마른 폰…24
간장에 핀 꽃…25
부소담악에서…26
태풍 아래…27
내게 와 멈춘 시간…28
취를 삼키다…29
숨 쉬는 이정표…30
돌아가는 긴 여정…31
틈…32

제 2 부

그래서, 좋더라…35
나를 찾아 나선 길…36
꿈틀거리는 청춘…37
외출하기 좋은 날…38
구월비 적시는 아침…40
제트보트…41
구름 문 열쇠…42
기도…43
달빛 선율…44
향일암 바람…45
마음을 먹고 싶다…46
추상…47
본질에 가다…48
사마귀를 만나다…49
초성 낱말 퀴즈…50
산타가 된 외등…52
심장에 새겨둔 문신…53
돌로미티…54
한 마음…56
돌꽃…57
부부…58

제 3 부

뿌리는 안녕 한가요…61
오만 원권 두 장…62
별 담은 그릇…64
사과나무를 심다…65
수레바퀴를 굴리다…66
세부 여행…68
길…69
귀인…70
망설임의 무게…71
그녀는 속이 깊다…72
에밀레 종…73
잡은 손…74
호랑이의 이름표…75
일기장…76
잣대…77
첫 상차림…78
벼랑 끝에서…80
나는 누구인가…81
물꼬…82
꿈꾸는 그 돌산…83

제 4 부

황금 통에 사는 소…87
무궁화 질 무렵…88
마음자리…89
어머니 손두부…90
폭염과 물총…91
그날…92
붓끝에서 피는 꽃…94
퇴적암…95
달과 일곱 별…96
어떤 연서戀書…98
취…99
해무…100
알프스 천사…101
감나무 집…102
망초대…103
삼계탕…104
낙엽 한 장…105
너는 내 편…106
달팽이…107
또다른 항해를 위하여…108
□해설/가족애, 그 따뜻한 울타리-강영환…110

제 *1* 부

이데옵시스 왕나비

나비가 내 곁에 온 건
숲이 내게 준 선물이다
태양 아래 날개가 꿈틀거린다는 건
잊었던 꿈을 화염 속에 던지는 일이다
나비가 하늘 열고 연필 잡는 건
촉수를 뻗어 신문고를 울리는 일이다
한 줌 빛이 언어로 이어진다는 건
동굴 속 길을 읽고 있음이다
붉은 노을을 둘이서 호흡한다는 건
곁에 오래 있어 준 날갯짓 때문이다
눈앞에 달콤한 꽃길을 품었다는 건
선물 받은 지금 이 순간이다

오늘은 맑음

요양원 목욕 봉사 십여 년째
수건 하나로 몸을 가린 채
먼 산 보듯 차례 기다리는 휠체어들
서너 평 시멘트 바닥
고무 매트 위 할머니들
따뜻한 물로 굳은 몸 이완시키고
비누거품으로 겉 때 씻어낼 때
습자지처럼 얇아진 살결
뼈마디 부딪치는 소리 흘러나온다
"아이고! 아이고!"
괄약근에서 뒤범벅된 배설물
가누지 못한 축 처진 몸

"할머니 힘내세요"

손끝에 온기 담아 팔과 다리 씻기면
가늘게 눈을 뜨고 바라본다
물기 닦고 힘 빠진 몸
기저귀 채워 돌려가며 옷 입히고

로션으로 얼굴 마무리한다
복숭아빛으로 돌아온 아기

"새댁이 고맙네!"

할머니 목소리가 물소리다
지친 어깨가 빠져나간다

늙은 호박

모질게 잘랐다
파란 핏물이 떨어진다
시들면서 끊어내는 아픈 햇살들
꾹 삼킨다 누렇게 아프다
얽히고설킨 걸음들이 뒤 따른다
부른 배를 가른다
화들짝 놀란다
넓은 방 보금자리에 움츠린 별들
부둥켜안고 얽힌 한 핏줄의 따스함
이 놀라운 늙은 여인의 자궁
어찌해야 이들을
햇살 따뜻한 텃밭에 누이나
금빛 속살
범벅으로 식탁에 오른
늙은 호박의 마지막 헌신
밝은 미소가 피고
햇살이 방 안 가득 쏟아진다

마늘

낯선 땅속이 어리숭하다
작은 몸 하나 품에 안긴다
차림새가 춥다
소문 듣고 처음 꽂아본 씨마늘
냉골 속이 아려오고
숨 몰아쉬다 돌아보니 이웃도 떨고 있다
눈바람 속에도 빛이 있을까
경계 앞 곧은 잎도 질척거린다
땅속 깊이 발을 뻗고
몸에 스며드는 물기를 마신다
바람 냄새 따스해
코끝 뾰쪽 내밀어 보았다
우듬지 소풍 온 햇살에
하늘이 쏟아진다

항아리

우물 안에서 하늘을 걸었다
해가 중천에 뜨면 빛을 노래하고
바람 냄새로 식솔을 품는다
물수건으로 단장시키던 때
비바람으로 씻기던 몸뚱이
햇살 품은 윤기 돋보인다
눈을 감아도 해는 떴다
간장 된장 고추장을 채운 항아리
살림 밑천으로 거들먹거리던 맛은
혀 끝 자부심 귀를 막아도 들린다
붉은 해가 서산으로 기울자
소금단지로 변모한 모습
푸석한 찰기 없는 냄새만 기억하는
이 빠진 상처투성이 항아리
갈라진 틈새로 염분이 배어 나온다
소금과의 동거는 하늘 꽃 피운다

향불

어머니 생전에는 몰랐습니다
가시고 난 빈자리
풀빛만 가득 남은 뜻을
이제야 알게 되었지요
긴 겨울밤 부뚜막 위에는
신발 나란히 짝지어 세워 둔
그 온기에 그냥 웃지요
어머니 손이 지나갔을
작은 신발들이 온기를 품고
집에 가는 발을 품어 주었음을
짐작하지 못한 어머니 손길
가시고 난 뒤 깨우친 미련함
젯상에 향내 퍼지는 오랜 시간
어머니 그늘을 만져봅니다
오시는 발걸음 소리가 참 맑습니다

다락방

깊숙이 허리 굽혀 들어간 높은 방
손때 묻은 옹기 같이 앉은
잡동사니들 고스란히 잠들었다
낡은 타자기와 눈 마주쳤다
딱딱딱 자판 두드리는 소리에
낱자들 잠 깨고 뛰쳐나온다

"ㅎ ㅡ ㅣ ㅁ ㅣ ㆍ ㅇ
 ㅎ ㅣ ㆍ ㅣ ㅇ ㅂ ㆍ ㅡ ㄱ"

자음과 쌍자음은 왼쪽에
단모음과 장모음은 오른쪽에서
곰삭은 언어 일렬로 줄 선다
궤짝 속 사진첩에서
아버지 호탕한 웃음소리
예민한 엄마의 숨소리
후덕한 큰언니 곁에 다가온다
흔적만 남기고 홀연히 떠난
그쪽 하늘은 안녕하신지요?

묵은 기억에 곰팡이 피어
걷어 내고 백지에 담아본다

구피

물속에
펼쳐 든 부채 하나
신기한 눈빛이 따라다닌다
저 현란한 춤
언제부턴가
꼬리가 접히더니
맥이 빠지고
목에 모래가 걸린 듯 깔깔하다
축 처진 모습
힘이 쭉쭉 빠져
척추가 ㄱ자로 굽더니
ㅅ자가 된 몸
숨이 막힌다
안타깝게 바라보는 동안
막이 내리고
부채는 접혔다
마지막 공연이었다

황혼녘

문을 열고 나서서 눈을 떴다
옹알이로 별빛 뿌리고
걸음마에 웃음 던지며
햇살 품은 환한 길
빛과 그늘이 반죽된 일상
어느덧
하늘이 내린 시간 한 바퀴 돌고
노을꽃 앞에서
둘이 한 곳을 바라보다
홀로 될 훗날도 걸어 본다
덤으로 살아가는 오솔길
채워진 그늘 비워내고
눈물과 웃음도 한때
물줄기 되어 흘러간다
한없이 가벼운 날개
누군가의 가슴에
작은 홀씨 하나 남긴
그 자리가 꽃자리다

원앙새

한눈에 끌려 덥석 잡은 손
부드러운 질감에 따스한 전율
어우러지는 내게 맞는 옷
넉넉함에 길들여 진 동반자
어느 해
생을 비트는 태풍의 눈이 덮친다
할퀴고 찢긴 상처에 비릿한 개냄새
춤추는 파편 자국들
한 조각씩 맞추어 본 퍼즐
결국 재만 남긴다
남은 반쪽
하늘과 지상의 경계선에서
떠도는 구름 흩날린다
식은 태양 아래
껍질 하나둘 벗겨내면서
느슨해진 모습 그려본다
그대는 아직 나의 짝지
그대는 지금도 내 편

몽돌네 가족

제 몸 으스러지는 줄 모르고
노래하고 또 노래 부르면서
형제끼리 밤낮 음역대 맞춘다
모난 돌 섞일 때마다
뾰쪽한 모서리 시퍼렇게 멍들고
서로 살 비비며 깎아낸다
철썩거리며
물때 들고 날 때마다 아프다
짜갈 짜갈 짜갈 짜갈.....
불협화음 속 아우성
물살 움켜쥐고
또다시 소리 질러본다
눈 부신 햇살과 바람의 응원들
갈고 닦인 매끈한 몸매
동글납작한 몽돌네 가족
쉼 없이 부딪치며 닮아간다

오늘도 목마른 폰

만인의 연인
손 타는 얼굴이다
고개 숙인 목단
눈 맞추다 젖어든다
바다에 끌려 익사하고
끊임없이 문을 두드린다
사람은 배가 고프다
폰은 토해 낸다
휴대폰을 죽였다
방전되어 버린 머리
손가락은 길을 잃는다
눈 뜬 얼굴이 돌아온다
나 없이 살 수 있는가?
묻는다
영혼 없는 바다에 노예가 되고
낭만은 바다 건너 사막을 걷돈다

간장에 핀 꽃

이삿날 신줏단지 모시듯 옮겨온
씨간장에서 달콤한 향내가 난다
시집온 첫해 손수 항아리 장만해서
장 담는 법 가르쳐 주시더니
미덥지 않은지 해마다
간장 된장 고추장을 챙겨 주셨다
어느 해 옥상에 데리고 가더니
빨리 차에 실어 두어라
간장 한 말 된장 한들통 고추장 한 단지
형님이 손수 담그신 장
며느리 눈치를 보며 주신다
그해 겨울, 덜컥 뇌졸중으로 쓰러져
6년째 투병 중이다
딸이 일곱인 둘째 형님은 맏이노릇하느라
아낌없이 베풀었는데
아기 천사가 되고 싶었을까
베란다 간장 향내에 마음이 아리다
형님은 언제 피려나

부소담악에서

나루터 덩그렇게 비워두고
물 위에 떠 있는 바위산
선회하는 나룻배 위 사람들
참나무 숲 바람 타고
코끝 간지럽히며
내 머릿속 휙 지나가는
화두 한 자락
순간 덧없는 바람이
칼날 세운다
누구를 향한 칼끝인가?
목에서 심장까지 쭉 파고드는
뭉클한 피맛

태풍 아래

땅에 발붙인 비닐봉지들
하늘 날아다닌다
오거리 신호 바뀌어 바삐 걷는다
저만치 큰 사각 양철통 날개 달고
차도에서 높이 올라 떨어진다
대형사고로 이어질 듯 한 예감
순식간 뛰어들어 발로 제압했으나
남은 빈손 없다
반대쪽 파란불 켜지고 밀려 오는 차
찰나의 순간!
뒤따라온 남학생
재빠르게 양철통 낚아채 뛰었다
후미진 도로변에 큰 돌로 눌러 두고
서로 눈인사로 헤어졌다
그날 이후
며칠째 절룩거리는 무릎 통증이
남몰래 웃게 한다

내게 와 멈춘 시간

창고 문을 열었다
쓰지 않는 물건들이 쏟아진다
손때 묻은 농기구
인연의 낭떠러지로 밀려난
등받이 땀에 젖은 지게
벗어 놓은 달 위에 녹이 슨 시간들
온기 남은 숨소리 풍긴다
크게 열어젖힌 문으로
햇살이 뛰어들어 안부를 묻자
먼지를 털고 걸어 나온다
아궁이에 불을 지피던 안주인도
장독간에 갔는지 보이지 않는다
창고에 갇힌 시간들
줄지어 바깥세상 구경 나온다

취*를 삼키다

밤을 통째로 휘젓는다
짚-라인에 박제된 채 매달렸다
공중 머무르는 묘기
두루 살피는 공중회전 짜릿하다
오지 않는 잠에 안경 고쳐 쓰고
빙하 속에 던져진 몸
좁은 문이 떨어져 나가고
상처 딱지 헤집고 흙바람 씻어낸다
다시 초점 맞추어 쓴 안경
눈에 든 어둠 체온이 올라
새벽녘 잠자리 고요하다
아침 햇살이 내 곁에 머물고

* 취 : 온갖 번뇌를 통틀어 이르는 말

숨 쉬는 이정표

백지에 점 하나
눈을 감아야 길이 보인다
천 천국 별 찾아가는 길
고운사에 다녀오면 천국에 간다*고 기억하는 손자

"할아버지가 천 천국에서 한 계단만 내려오면 우리 다시 만날 수 있겠어요!"

그 말에 순한 웃음을 지으며 그 길 찾으러 눈을 감고 꿈속으로 한 걸음 옮겨본다
좁은 숲길을 걷는다 풀잎들이 말 걸어온다 어디까지 가느냐고 묻는다 구천에 가 볼까 했더니 엉덩이 들썩이며 말벗되고 싶다며 따라온다 귀찮아 눈을 떴다
지울 수 없는 눈물 한 방울

*예부터 죽어서 저승 가면 염라대왕이 "고운사에 다녀왔느냐?"라고 물었다는 유래를 손자에게 얘기한 적 있다

돌아가는 긴 여정

춤추는 촛불 앞에 가라앉은 가족
들숨과 날숨이 가쁘다
여든아홉 수에 한 고비 넘기고 와서
아흔넷 고관절 골절 버겁다
간병엔 웃음이 점점 사라지고
가족 눈시울 적시며 보내든 나날들
언젠가 돌아가야만 하는 그곳
촛불 켜고 불경 소리 높아진다
법당 된 안방에 누운 시어머님
어둠 속에서 생기가 돌고 밝아진다
켜켜이 눌러진 시간들 떠나보내고
소리 없이 사그라드는 숨소리
환한 빛으로 말갛게 떠나는 길
울음소리 깊숙이 배웅한다

틈

혼자 창 앞에 있을 때
내 안에 틈이 있다
밟히면 비명이 들리고 깨어나 일렁인다
언제 어디서나 틈은 부활한다
암흑 속 한 줄기 빛에 숨을 몰아쉰다
천지연이 품은 용암 아직 끓고 있다
내 틈이 웃고 있다
웃음으로 조화를 이룰 때는 창밖을 본다
구름 낀 하늘이 나를 바라본다
가족끼리 틈이 생기면 아프다
붉은 피톨이 떨고 있다
새파란 잔디 사이 풀은 주검으로 몰아간다
다툼은 파도처럼 출렁인다
초원 사이 풀을 뚫고 나온 양귀비 바람에 춤춘다
틈이 새로운 씨앗을 낳는다

제 2 부

그래서, 좋더라

어디 메인 목줄이 없어도
돌아갈 집이 있어 좋더라
비가 오면 빗길을 걸으며
빗속에서 춤출 줄 아는 발이 좋더라
눈이 오면 눈길을 걸으며
눈사람 만들며 크게 웃는 입술이 좋더라
때론, 외로울 때 등 뒤에서
어깨를 짚어주는 손이 좋더라
파도가 문턱 넘나드는
저 멀리 보이는 쪽물 빛깔 수평선이 좋더라
쓰러지는 것보다 힘을 내는
어눌한 갈매기의 비상이 좋더라
홀로 왔다가 홀연히 가는 날까지
커피 한잔 마시고 떠난 자리
따스하게 남은 온기가 나는 좋더라

나를 찾아 나선 길

칠 일 전
찢어진 나를 찾아 나선다
굴레에서 벗어나지 않으려 애쓴 날
눈을 감고 그림자를 따라나섰다
첫날인 듯 아닌 듯 눈빛 따라 걷던 그날들
단거리로 착각하고 앞만 보고 달린 길
여섯 언덕을 넘기고 서는
걸어온 길은 꽃을 보는 여행이었다
유년 시절
마당에서 주고받는 어두운 표정들
한없이 낮은 소리

"참 아까운 아들이지…"

다 하지 못한 사랑
깊이 나누지 못한 동기간
정답 찾지 못한 아들애
뒤안길에 서서 떨고 있다

꿈틀거리는 청춘

바이크 타고 하늘을 날았다
젊은이가 꿈을 찾아 떠난 여행
푸른 멀미를 즐기며
실눈 비집고
바람 따라 꿈틀거리며 유럽을 누빈다
나를 알리는 단소와 기타의 버스킹
당신의 꿈은 무엇인가? 묻는다
곡선으로 만든 여행 끝나지 않는다
마케도이니아에 내린 눈비로
겹겹이 쌓인 얼어붙은 몸
따뜻한 커피 한잔으로 녹여준 카페 부부
그리스 길목에서 만난 굶주린 개떼
찰나에 몰려드는 죽음의 공포들
혈연도 지인도 없는 국경에서
젊은이들의 꿈 담은 가방
한국에 넘치도록 싣고 돌아온 꿈
버킷 리스트에 한 획을 그었다

외출하기 좋은 날

점심시간 병원 커피숍은 바쁘다
두 손 맞잡고 들떠 빈자리 앉았고
커피 받아 창가로 옮겼다
공명 일으키는 머릿속
입에서 쏟아내는 침방울
울음과 웃음 사이 등 뼈가 삐걱거려
손수건 찾다가 심장이 떨어졌다
곁에 없는 핸드백
하얀 안개 번지는 낯빛
가방에 든 지갑 카드 신분증
애장품들이 눈에 투영된다
서른 해 전
밤길 가다 주운 지갑 줄지어 꽂힌 카드
주인 찾아 돌려준 적 있다
장 보려고 찾은 돈 잃은 식당 주인
인사만 받았다

"혹시 가방 찾나요?

가방만 혼자 자리 차지하고 있어
카운터 맡겨 두었어요"
다시 찾은 손때 묻은 햇살들
외출하기 좋은 날

구월비 적시는 아침

텃밭을 발소리 낮추어 걸었다
아직 깨어나지 않은 듯 기척이 없다
길었던 우기와 뙤약빛 아래 힘겹게 버텨 낸 아가들
쓰다듬어 주는 손에
고추 화들짝 놀라며 왜 이제야 왔냐며 샐쭉한다
홀로 힘겨운 열매가 아님을 달래 본다
토마토는 부둥켜안고 있던 새끼들을 버린 지 오래다
속살이 터져 시큼한 냄새 풍기고 새카맣게 말라버린 핏줄들
호박은 홀로 혈관 끝에 당당하게 꽃을 피우고
여기저기 팔을 뻗어 애 호박을 자랑한다
고요 속에 간직해 본 길을 찾아보는 텃밭 길

제트보트

무대는 바다 위 춤추는 보트
거제도 바람의 언덕 아래 파도 가르며 유혹한다
자주 오지 않는 기회라며 딸내외 설득해 탄다
상큼한 바람이 얼굴에 닿는다
서서히 물길 더듬는 보트 이내 자갈밭 지나듯 거칠다
머리카락은 혼자 신나 춤추고 한 배 탄 함성 허공 찢는다
몸속 웅크린 그늘 날숨 타고 쏟아져 나오고
바닷바람 들숨으로 품는다 절정 웃음꽃 풍선 터질 때
눈물로 전이된 손자가 나의 손을 꼭 잡는다
해금강 바다 위로 열린 십자 하늘을 지나가며 자유로이 기우는 몸
급선회로 물보라 덮치는 하늘이 쨍쨍하다
짧은 순간 깊숙이 파고든 율동 그 제트보트 멀미!

구름 문 열쇠

구름 정원에 들었다
뽀얀 적삼 입고 꽃밭 껴안고
하늘 걷는 어머니
나비 된 언니 벌들과 숨바꼭질하네
짝지 그림자 길게 뉘이고
오색 무지개에 걸쳐 둔 이승의 질긴 끈
물소리보다 높지 않게 흐르는
마르지 않는 옹달샘
가끔 하늘 열어 안부를 묻습니다

기도

다시 두 손이 가까워졌습니다
내 곁에서 새로운 날이 웃어줍니다
눈빛 따라 흘러가는 반나절 보내고
반나절은 발 가는 대로 둡니다
상처는 함부로 받지 않을 겁니다
그늘 없는 날을 살아 보렵니다
딸이 건네준 온기 담은 엽서 한 장

'당신, 참 애썼다
 사느라, 살아내느라
 여기까지 오느라…
 애썼다'

유리창 가득 햇살 채워집니다
소리하지 않는 에밀레 종소리 귀에 맴돌고
햇살 쬐며 숨 쉬고
별빛 보고 익어 가는 금빛 호박
신들께 호박떡 올립니다

달빛 선율

잊었던 소녀 불러와
꽃과 새 달빛 선율 모았다
선율에 끌려 문 두드린 소년

"혹시 엘리제를 위하여 아닌가요?
 제가 이 곡을 좋아하는데
 한 번 더 연주해 주면 안 될까요?"

남 모를 신청곡 날개를 달고
피아노 건반에 실리는 손가락
연주가 끝나자 몰려온 아이들 손뼉 치고
신청한 소년 두 손에 초콜릿 건넨다
이 길을 놓칠 뻔했구나!
이정표 찾은 무지개다리
소녀의 기도로 월광곡을 이어 본다
달그림자에 가려진 오선지 찾아
침묵으로 노래하는 밤

향일암 바람

여수 밤바다가 조잘된다
바람과 함께 기도소리 주인 찾기 바쁘다
용트림으로 길게 뿜어내는 석간수에 말을 씻는다
향일암 거북 등 암자 두 손 모둠 담긴 눈빛들
촛불에 걸어둔 소원 등 승천하다 주인 돌아본다
깊은 미소 짓는다
저 편 건물 아가미 사이 빚은 반짝이는 침묵이다
맛이 으뜸인 꽃게장 혀끝에 맴돈다
손맛 담아 온 갓김치 궁금타
떠도는 발바닥은 입을 춤추게 한다
바닷바람은 내 뺨에서 떨어질 기미가 없다
시월 끝자락에 쌓인 맛깔난 시간들
거실에 한가득 풀어 본다

마음을 먹고 싶다

관룡사를 오른다
몸속 나사가 여러 개 빠진 것이다
헐거워진 몸에 피톨이 삐꺽거리고
떼 버릴 바람들이 허다하다
한 걸음 한 걸음 옮길 때마다
검은 피톨이 요동치며 나온다
억눌린 세포들 큰 숨 쉬며
하나둘씩 눈을 뜬다
소리 없이 삼킨 그늘의 날들
되새김하는 날개를 갖고 싶다
용선대 여래 좌상은
목에 금 간 상처를 품고 동쪽을 본다
난 왜 여기 서 있을까? 왜
귀 버리고
입 버리고
심장도 버렸으니
하산하는 발길에 날개가 생긴다
다시 하늘을 날고 싶다

추상追想

책을 덮었다
하늘이 내린 강물에 떠 있는 구름
흩어진 길 조각 맞춘다
따스한 손 덮임이 살가운 사람
바지에 앞 주름이 날카롭다
기상나팔 불기 전에 기침起寢하는 문
중앙선을 끝없이 달리는 쉼 없는 길
숲길을 걸어와 노을에 들었다
투명한 눈물은 물음표
바람 냄새가 따스하다
밤하늘에 켜켜이 쌓인 별
눈을 떠 반짝거린다
손을 맞잡고 엮어낸 실타래
그대 남긴 향수 뿌리고 나선 외출
거리에 책을 다시 펼친다

본질에 가다

텅 빈 몸에
불씨를 뿌리고
피워내는 불꽃
흔들리는 거울 속에
마른 입술 무거워지고
강물에 뜬 얼음 숨소리
뿌리 없는 나무에
물과 빛이 섞이는 시간
잎 진 가지에 꿈을 감는 달무리
지금, 환승 중이다
침묵 사이로 긍정의 바람 인다

사마귀를 만나다

뛰어가다 되돌아온다
빤히 쳐다보는 사마귀
살려 달라고 발목을 잡는다
잘려나간 오른쪽 뒷다리
신음소리에 살고 싶다고
두 손으로 붙든다
의사도 아닌 나에게
매달리는 모습에 살포시 안아
풀잎 귀퉁이로 옮겨 놓았다
다시 정신없이 뛰었지만
마음은 그 자리
천의 얼굴이다
먹이를 유혹하는 얼굴
독사보다 냉정하다
방아깨비에겐 포악하고
두꺼비를 만나면 슬그머니
꽁무니 빼는 사마귀
풀잎에 무사한지

초성 낱말 퀴즈

외국 살다 돌아온 1학년 아이

"난 바보인가 봐"

자꾸 뒤를 돌아다본다
또래들과 초성낱말 게임
겨우 두 개 맞춰 꼴찌 했다며 울먹이더니
틈날 때마다 연습이다

동물 ㅇㅅㅇ
운동 ㅌㄱㄷ
환경 ㅁㅅㅁㅈ

호기심에 세워지는 귀
승리에 불타며 굴리는 머릿속
정답은 박수와 환호로 으쓱해지고
틀리면 폭소를 자아내는
중독성 있는 놀이에 빠져든다
자신감 찬 아이의 출제 능력

어휘력에 하마 입이 된다
숨은 글 찾기 놀이가 번져나간다
연습된 힘이다

산타가 된 외등

안갯속 어둠길이 열린다
돌풍에 휩싸여 나뒹군 꽃들
몸에 상처를 품고
숨죽인 채 리듬 타는 꽃봉오리들
외등이 나설 때다
크리스마스이브 산타로 나타난다
햇살 가득 실은 가방 속엔
한 땀 한 땀 농익은 손 편지와
때 묻지 않은 지폐 뭉치 싣고
어둠이 덮친 집집마다 방문한다
다음 날
웅성거림에 잠 깬 산타 한마디
강물 속에는
빗방울 사이에 울음도 있고
쨍한 햇볕 틈새 웃음도 있지만
가끔은 횡재하는 날도 있단다

심장에 새겨둔 문신

어느 해
학교에 찾아온 스님 큰 소리로

"제자 김영식입니다
선생님 절 받으십시오!"

바닥에 엎드려 큰절한다
손뼉 치며 환호하는 학생들
심장에 새겨둔 그림이 보고파
다시금 돌아와 본 제자
어깨 높아지는 스승
가슴 벅찬 교편이 춤춘다
옛 자리 밟고 푸드덕 오르는 새
끝없는 날갯짓에 응원소리 높다
수십 년간 흔적 남긴 발자국
제 갈 길 찾아 날아오른다
선생님을 눈에 담는 꿈나무들
켜켜이 쌓인 자신만의 분출구
온갖 일화로 내뿜는 문신

돌로미티

체코 사는 딸 성화로 떠난 유럽여행
이탈리아 친퀘토리
알프스 산맥의 동쪽 끝자락
초원은 천사의 미소처럼 투명하다
수직바위 벼랑과 넓은 초원의 뾰족한 봉우리들
파란 보석으로 반짝이는 호수
가슴 떨리는 경이로움 두 눈에 담는다
케이블카 타고 오른 파소 팔자 레고
헉! 숨이 멎는다
꿈에서 본 듯 낯설지 않은 나와 닮은 꼴
흔들림 없이 우직하게 뿌리내린 돌산
하늘 감싸 안은 모습
알 수 없는 교감이 오갔다
얼굴색 갑자기 파리하게 변해가는 딸
심한 복통에 놀란 일행
급히 서둔 하행길은 내장 같은 고갯길
뻘겋게 상기된 얼굴로 레이싱하는 사위
엄마 손 꼭 잡고

"엄마 죽으면 안 돼요"

손자의 울음바다로 돌로미티의 경치는 날아갔다
이승의 경계를 넘나든 돌로미티는
백과 흑이다

한 마음

아들 집에 가면
닮은 꼴이 있다
높이 떠받드는 풍선
나를 난처하게 할 때가 있다
구름 흐르는 하늘을 보라
구부러지지 않는 수평선도 있다
높이 오른 산에서 멀리 내다본다

돌꽃

그대 나선 후
석양을 품에 안은 채
굳어져 가는 몸 뿌리가 박힌다
하늘 비 혈관 타고 스미는 생명수
손 슬쩍 가리고 보는 눈부신 태양
어둠 뚫고 찾아오는 별똥별 동무들
뿜어내는 열기로 뛰는 박동 소리
따스한 웃음소리가 꽃 일으킨다
나도 꽃, 침묵을 피우고 싶다

부부

한눈에 끌려 덥석 잡은 손
부드러운 질감에 따스한 전율
어우러지는 내게 맞는 옷
넉넉함에 길들여 진 동반자
어느 해
생을 비트는 태풍의 눈이 덮친다
할퀴고 찢긴 상처에 비릿한 개냄새
춤추는 파편 자국들
한 조각씩 맞추어 본 퍼즐
결국 재만 남긴다
남은 반쪽
하늘과 지상의 경계선에서
떠도는 구름 흩날린다
식은 태양 아래
껍질 하나둘 벗겨내면서
느슨해진 모습 그려본다
그대는 아직 나의 짝지
그대는 지금도 내 편

제 3 부

뿌리는 안녕한가요

문득 일어선 뿌리
눈에 들인 어둠이 아프다
엉켜진 빛들은 물관 매듭을 살린다
차가운 눈에 불 밝히며 앞만 보고
함께 가면서 호흡으로 여는 발걸음
굳어져 가는 몸 감싸 안고 노을을 본다
가지에 걸린 붉은색
꽃과 열매는 햇살 속에 탐스럽게 빛난다
틈 비집고 우듬지에 올리는 젖줄은 생명수
누구도 지우지 못한다
일 순간 해일로 덮쳐오는 어둠
흔들리는 공포 속에 기도문을 왼다
따뜻한 손이 내 안에 불을 켠다
속앓이 기억은 소낙비로 지나가고
바람 따라 흔들리는 얼룩진 상처
시원한 빗줄기에서 방울꽃이 핀다
그대, 뿌리는 안녕한가요

오만 원권 두 장

곁을 떠나보내고 한동안 딸 집에 머물렀다
마음을 추스르며
내일은 집으로 가야겠다는 내 말이 채 끝나기도 전에

"할머니 집에 가지 말고 우리 집에서 함께 살아요!"

초등학교 4학년 손자가 울음 터뜨린다
딸은, 달래며 이유를 설명하라고 했더니

"아직 마음의 준비가 안 되었어요!"

갑자기 심장이 막혔다
울음 가득 찬 물풍선이 머리에서 터졌다
만약이라는 단어와 마음의 준비를 해 본 적 없는데
며칠 후

"할머니, 집에 가서 배 고플 때 이 돈으로 편의점 가서

천하장사 사 드세요 꼭이요!:"

  오만 원권 두 장을 손에 쥐어준다
  한번 들어가면 좀체 나오지 않는 철통 지갑에서 꺼내 준 지폐
  손주 마음에 먹구름이 걷히고 파란 하늘이 보인다
  그 돈을 손에 쥐고 천하장사를 사려고
  편의점 진열대 앞을 기웃거린다

별 담은 그릇

마차 타고 밤을 찾아 나선 별들
장막 두른 수레바퀴 힘겹다
양팔 저울 수평 고집하지만
별 담은 그릇 쉼 없이 흔들린다

"해야 해야 내일의 해야
우리를 기다려 주지 않겠니?"

한 걸음 멈추고 긴 호흡 뿜어내고
공기 한 모금으로 씻어 반짝인다
다잡은 별자리 품고 바퀴 굴린다

사과나무를 심다

새 옷 갖지 못한 어린나무가 떨고 있다
걱정 마, 돌담이 던져준 한마디
엄마 나무는 외면 중이다
서리에 꿈틀거리며 몸부림쳐 보지만
찾아오는 것은 어둠 뿐이다
검은 하늘은 별을 품어 주고
달은 머리맡에 서서 포근히 잠재워 준다
새벽녘 이슬이 내미는 젖가슴으로
볼살 찰지고 윤기 흐른다
간혹 까치가 내 어깨에서
꺄꺄꺄 꺄르륵…
암호 던져 주고 하늘 솟구친 날
흙 발로 밟아주며
물그릇 쏟아붓는 주인님이 오신다
햇볕 쬐며 야물어진 종아리와
푸른 심장 자랑 하는 바람이 분다

수레바퀴를 굴리다

바람 따라 들어간 법당
주장자 소리 울린다

"수레바퀴를 잘 굴려라
 나아가는 인생 꽃길 된다"

두 손으로 굴리는 바퀴
두 눈으로 굴리는 바퀴
나란히 속세를 구른다
이가 맞지 않는 바퀴는
제 자리 맴 돌뿐
돌부리 앞에서도 멈춘다

"똥이 더럽다고 휘저으면
 더 멀리 냄새 풍긴다"

그대로 둔다
꽃에 거름 되도록
먼 훗날

붉은 노을 품에 들 때까지
수레바퀴 굴러간다

세부 여행

말초 신경 꿈틀댄다
통로 따라 숨소리 섞으며 떠나는 길
동행에 따라 달라지는 날갯짓
때론 멀리서
때론 가까이 느껴보는 손길
가족끼리 후미진 상처에 볕살 나누고
환기로 엮어 보내며 신바람을 채운다
지나온 시간 힘들여 길러 온 밤송이
하나둘 앞다투어 터지는 알밤들
색색 물고기와 노는 바닷속 잠수
꼬리 움직이며 따라쟁이다
패러 글라이딩은 하늘 새 되고
보이지 않는 얼굴 둥실 떠 오른다
두둥실 내려다본 세상은
움직이는 그림처럼 평온하다
길러 준 무지개가 꽃 핀다

길

하얗게 그늘진 날
그늘에 쓰러지는 도미노 조각
순간 집 등지고 눕는다
다시 일어설 무릎이 없다
하늬바람이 마중 나오고
한 걸음 앞서가서 보이지 않는 길
하늘 문 열리고 구름이 피어오른다
멀어져 가는 길이 춥다
다시 오지 않을 굴레 속 뚫고 가는 길
빗속을 일으키며 춤출 수 있을지
솔 숲길 햇살 쬐며 걸을 수 있을지
내일은 동무와 웃을 수 있을지
현기증 끌어안고 하얗게 걷고 있는 길

귀인

물결 따라 만나고
낙엽 되어 헤어졌다
익어 돌아온 문구
처음 본 신수 점
9월 귀인 만나
10월 결혼 운 들었다
인연 따라 엮어진 실타래
매의 눈과 날갯짓 바람 타고
사회를 일렁인다
한 생을 몰두한 학업에
등불로 제자를 승화시킨
별이 노을 속으로 사라진다
둥근달에 두 손 모으고
하늘과 땅이 맞닿는 날
다시 만날 인연이어라

망설임의 무게

망설임이 파도다
살까 말까
빠져나간 햇살 속 무게
용기 1그램이 흔들린다

'당신에게 보태는 1그램의 용기
 눈 딱 감고 한 발짝 앞으로 더'

한비야 강연에 일렁이는 저울
오지 탐험 책 읽고
만나 보고 싶은 사람이다
짧은 만남에 긴 여운 담는다
바람의 딸이 된 그녀
자식을 날도록 키운 엄마
두 부류도 저울질해 본다
새가 날아가는 방향은 알 수가 없다

그녀는 속이 깊다

투명하고 깊은 우물이다
두레박 휘젓는 심술도
별빛으로 덮는다

차가운 물 품고 있지만
포근함이 찬 기운을 녹이는
속 깊은 애 어른이다

보이지 않는 넉넉함 차오르고
때론, 고여 있는 시간을 즐기며
고요가 만든 꿈 하늘을 품는다

찾아온 우환에도 흔들리지 않는다
별말을 털어놓고 쏟아부어도
함부로 입을 열지 않는 입술이다

우물 속 깊이는 어디까지일까

에밀레 종

유리 상자 앞 접근 금지 팻말
돌 물려 놓고 종소리 울린다
지고지순한 울림 가진 나를
용뉴에 매단 쇠사슬
비천상 날개를 달아 주었거늘
국보를 짊어지고 틀어 막힌 입
하늘과 땅을 엮는 소리 들어 보았는가
맥놀이로 일어서는 울음 울어대고
용틀임으로 하늘 오가는 길
풀잎 한숨 재울 만파식적 들릴 때
삼천대천세계 온전히 잠들 수 있게
나를 쳐 한번 크게 울게 해 주오
황혼 녘 돌아오는 소 모는 농부
길가에 앉은 그때 에밀레 종소리

잡은 손

시 한 편 읽다
허리 곧게 펴고 오른손 내민다
눈에 눈을 담고 잡은 손
짧은 순간
내가 건너가고
상대가 건너온다
저 웃음은 향기일까
악취일까
시민에게 내미는 손은
먹이를 좇아 배를 채우려는
온기 없는 손이다
우리나라 대통령과 미국 대통령
4초간 악수
손의 깊이는 어디까지일까
아들을 배웅하며 마주 잡은 어머니 손
따뜻하다
늘 배웅만 받던 아들은
다시 배웅하는 손이 된다

호랑이띠 이름표

초등학교 입학식 날

"내일부터 자기 이름표 달고 오세요!"

색깔 담은 커다란 호랑이 얼굴 이름표
며칠째 가슴에 달라붙었다

"친구들이 놀리지 않니?
 아니요, 멋있다고 해요!
 내 이름 벌써 다 알아요!"

창의적이고 몸놀림 고요하다
그해, 소풍 가는 날
함께 못 한 빈자리 날려 보내는 아이
장기자랑으로
손 번쩍 들고나가서
'아빠와 크레파스' 노래 휘파람으로 불어
교내 풍문 일으키고
호랑이 길 찾아 남 먼저 달린다

일기장

숲속에 눈을 뜬 숱한 나무
새와 바람 함께 머무는 가지
우물 깊숙이에서 퍼 올리는 달빛
물이 솟아 숲길을 따라간다
낯선 대지에 서서 햇살과 마주하고
지친 발자국소리에 얼음꽃이 핀다
광활하고 깊은 숲이다
빛과 그림자 마주 보게 하고
보물 찾기하는 달빛들
하얀 어둠 속에 까만 점 하나
머리에 스며드는 안개 곱씹으며
바람에 꽃 한 송이 실어 올린다
낯선 흔들림 삼키는 짐 내려놓고
잠시 숨었다 들킨다

잣대

그녀는 한 송이 노란 국화
몸 깊숙이 저울과 은장도 지녔다
볼 붉을 때 저울 기울기에 따라 춤추던 칼날
이젠 바람 지나가기를 기다릴 줄 안다
때론, 침묵으로 반짝이는 꽃불도 피운다
서릿발과 그늘을 흔들림으로 받아쳐 보지만
춤추던 혀끝 상처는 오래 머문다
따뜻한 초록은 언제 오려나
돌이 되어가는 입술
보듬어 주는 강물도
무서리도 닿힘이 없다
휘둘리지 않고 묵묵히 따르는 강물
이글거리는 불꽃 속에서 호위 무사 칼날은
잠 속에서 꽃이 된다

첫 상차림

새벽부터 부산 뜨는 아들 내외
수라상 부럽지 않은
불고기. 된장찌개. 굴전. 버섯 전 가득하다
놀란 입가에 함박웃음 절로 피는 시아버지
내 시집온 첫날
시어른 밥상 차리며 홍당무 된 얼굴

"아이고 애썼다 새 아가!"

시아버님 한마디로 한 가족 되었다
그 기억이
새 며느리 첫인사로 밥상을 받고 싶었다
전날, 요즘 시대에 밥상 차리라는 시어머니
어디에도 없다며 투덜거리던 아들

"엄마 소원이다!"

이제껏 차려주기만 한 밥상이다
새 며느리가 차린 진수성찬

한 가족이 피어내는 웃음꽃
첫 상차림은 시어머니 소원풀이인가?

벼랑 끝에서

흔들리는 나침반 거머쥐고
숨 쉬어야 할 이유가 그녀를 일으킨다
앞만 보고 초침 돌리는 얼음 숨소리다
쉼 없이 흔들어야 녹는 하루
귀갓길에 설 때마다 늘 그림자를 접었다
벼랑 끝에서
건물 사이를 비집고 찾아온 바람
막이 내린다
그녀 곁에 남은 꾀꼬리 햇살 바람
햇살이 발효시킨 바람이 분다
네온 불빛에도 이젠 눈이 없다
아직 끝나지 않은 축제가 기다리고
묵언으로 조율 중이다

나는 누구인가

적막 걷어 내고 강물을 되돌려 보낸다
기상나팔이 깨우는 바람은 새들을 소환하고
느닷없이 이어진 가족회의에서
꿈 피울 다짐하기 햇볕 좋은 날
태양이 뿜어내는 박동 소리로 날아오른다
두려움에 포기했다가 일어서기 반복하지만
한 발짝도 뗄칠 수 없는 꽃받침 자리가 내 자리다
인연 따라 이어진 핏줄들 새겨진 발자국
이들이 가지이고 살아가는 뿌리다
훈장처럼 박힌 생채기가 뗄군 얼굴
하얗게 불태운 그늘들 먼지처럼 흩어진다
점으로 태어나 사라지는 한 줄기 빛이구나
뜬구름 접고 스르르 잠드는 밤

물꼬

경계 밖 하늘이 보이지 않는 길을 나른다
출렁거림을 발바닥에 싣고
신세계를 향한 샌프란시스코
10년 전, 군 복무 마치고 떠난
100일간을 바이크 타고 유럽 횡단한 청년
바람 따라 빛 찾아 나선길
단소와 기타로 길거리 연주를 즐기며
경계 밖 청춘들에게 묻는다
꿈은 무엇이냐고

'꿈 배달 프로젝트 철가방 들고 세계로'

언론에 새겼다
청춘 계획서에 쓰인 가로 획들
다시 트인 물꼬는 어디로 흐를까
머리는 파편이고 걸음은 보석이다
끝없는 경계 밖이 꿈틀거린다

꿈꾸는 그 돌산

햇발이 우람한 근육질을 빛낸다
트인 걸림 없는 시야 속
파소 팔자레고*에 펼쳐진 파노라마
야생화 춤추는 끝없는 초원
노래하는 하늘구름이 벗인 돌산
따스함 닮은 품이 두 팔로 반기지만
갈림길에서 헤어진 애끈한 사람
하늘 비 목놓아 쏟아낸다

*파소 팔자레고 : 이탈리아 북부 돌로미티, 친퀘토리

제 4 부

황금 통에 사는 소

그을린 정지간 전체가 황금 오물통이다
그 안에 황소와 송아지가 살고 있다
삐꺽거리는 정지문을 열자 송아지 눈이 게슴츠레하다

"이 봐요! 여기 좀 와 봐요 송아지가 아픈 것 같아요!"

그가 황급히 와서 목을 요리조리 눌러주자
송아지가 눈을 크게 뜨고 내 눈도 반짝 떴다
꿈속이다!
공중에 떠도는 바람의 입으로 느닷없이 금빛 암시 뿌린다
어둠 속 눈부신 기척 내면서 퍼즐 맞추며 찾아 나선 길
빈손에 새집 움켜쥐게 해주는 행운 기다린다
허공에 맴도는 빛줄기는 지금도 주인 찾아다닌다
바람 한 줌이 전해 준 틈새
그늘 뚫고 찾아온 송아지 잇몸이 춤춘다

무궁화 질 무렵

땅과 핏줄 엮어 핀 꽃이여
봉오리로 기억되려 꽃잎 말고 있습니다
절로 피었다 낙화 기다리며
귀 접힌 바람이 몸부림칩니다
켜켜이 쌓인 말문 닫히고
앙상하게 박힌 물관 속 물질 해 보지만
보랏빛 물들인 꽃잎들이여
짊어진 날개가 때를 기다립니다
하나씩 꺾이고 태우고 빠져나가
못 다 비운 호흡
어둠이 노을을 덮쳐 숨이 찹니다
깃털처럼 가볍게
어머니 품에 안깁니다

마음자리

처서 지나고 그만
달라진 바람이 단정하다
소슬바람이 못다 푼
곰살궂은 구름 한 조각
낙엽 한 장에 올라간 입꼬리가
새똥 달고 날아갈 기미가 없다
제자리 비운 지 오래
고향은 언제쯤 찾을까
나부시 촛불 부는 아이 입술꽃
금목서 향기는 빈까지 가건만
남은 노란 국화는 별빛을 더듬고 있다

어머니 손두부

어처구니없이
손바닥 빨갛게 불태우도록
어처구니를 돌리면
고운 콩가루 맷돌 타고 흘러내린다
가마솥에 복사꽃 몽실몽실 필 때면
치맛자락 펄럭이며 바빠지는 몸짓

"야들아 빨리 오거레이!"

하얀 뭉게구름 한 사발에
갖은 양념장 한 숟가락
후루룩 삼키면 목젖이 따뜻해진다
어머니의 고된 몸짓에
뽀얀 속살 고스란히
쟁반에 담긴 시골 저녁 밥상
입안 가득 퍼지는 구수함
새하얀 뭉게구름은 어머니 손맛이다

폭염과 물총

시골집 마당에서 벌어진 물총놀이
서울팀 부산팀으로 팀을 나누었다
물총으로 쏘아대는 공격은
입꼬리와 광대뼈가 승천하고
웃음소리 자지러지게 쏟아낸다
손자의 너프 물총은 강력하다
상대팀의 물줄기로는 역부족
막무가내 물대포에 온몸이 젖어간다
물에 빠진 생쥐 같다
승자도 패자도 없는 게임이다
햇볕 쨍쨍한 마당
웃음 한바탕 퍼붓고 지나간 자리
새파란 입술꽃이 피었다

그날

폭죽 마냥 팡팡 터지는 만개한 웃음소리
꽃피고 지는 시골집
시끌벅적한 사람 소리에 놀란 꿀벌
윙윙 엉덩이 팔자 춤추면서 향기 정탐하고
동네 고양이도 어슬렁거리며 왔다 간다
겨우내 추위에 떨다 떨어진 모과 주워
슬리퍼팀 운동화팀 붙은 축구이다
손자의 헛발질에 신발 휙 날아갔다

"노골인!"

웃음보 터진 할아버지
부서진 열매에 신나 질러대는 응원소리
사위의 현란한 묘기 자랑 발놀림
할아버지 몸 따로 마음 따로 박장대소
땀 범벅된 빨간 피에로 얼굴들
희미한 세월 속의 오랜 기다림
선명하게 만난 가족 모습
저녁 만찬은 행복으로 꼭꼭 씹는다

이 마당에도 다시 온 봄이다

붓끝에서 피는 꽃

새하얀 백지에
까만 점 하나 찍네
조심스레
돌이킬 수 없어 손끝이 떨린다
촉은 빳빳이 세우고
아차 실수할까
깜깜한 긴 터널 숨도 쉬지 않고
한 획, 한 획
집중 또 집중이다
작품 한 점 짓느라
초주검이 되어 돌아오는 임
붓끝에 꽃이 필 때
그제야 승리의 낙관을 찍는다

퇴적암

켜켜이 묻힌 일상들
올곧게 살아도 남는 불순물
고스란히 태워버린 도가니 속엔
쩡쩡하게 빛난 태양도 품었다
살아온 날과 살 날의 경계 속에
한갓진 길모퉁이 뚫고
나직이 숨몰아 쉬며
오르는 이와 내려놓는 이로
또 한 겹 쉬어간다

달과 일곱 별

달은
홀로 밝히는 드넓은 밤하늘이
쪽방처럼 외로웁다
초록 꽃 별들 일곱이 둘러앉아
불을 끈 채 둥근 달빛만 바라본다
철없이 재잘대는 여린 꽃들
수다가 황소자리 전갈자리 만들며
해맑게 웃음 지을 때
달은
파도치는 바다로 가는 언덕
바위틈에 핼쑥한 얼굴을 비벼 묻고
밤을 새워 울었어라
산산이 부서져도
인연의 끈을 허리춤에 졸라 묶고
일 곱 별 꽃잎을 끌어안아야 한다
막막한 궤적 속에 떠 돌다 지는
어린 꽃잎 되지 않도록
혀를 물고 벼랑 바위를 잡아야 한다
눈물도 침묵도 타는 가슴조차

일곱 별들이 바라볼 수 없도록
천장 위에 까마득히 매달아 놓고
문풍지 틈새로 어둠이 들지 않도록
넋을 잃고 쓰러질 때까지
한 몸 빛을 태워 밤을 밝혀야 한다

어떤 연서戀書

멀리서 기다립니다
님의 향기 풍겨 오기를요
진득하게 오랫동안 기다릴게요
멀리서 오는데 시간이 걸리겠지요

"유사자연향有麝自然香
 사향이 있으면 저절로 향기가 나게 마련인데"

"하필 당풍립何必當風立
 어찌 반드시 바람 앞에 서야 하겠습니까?"

깃털처럼 올라
바람의 도움으로 꽃불 붙여
텅 빈 하늘에 꽃물 들입니다

취*

오늘 밤도
님을 위해 비단옷을 지어요
아침이 오면
바람처럼 사라질 그대를 위해
한 땀 한 땀 수를 놓아요
서러워 흘린 눈물은
비취색 비단사에 수정 구슬로
알알이 맺혀 있어요
희미한 여명을 뒤로한 채
발 빠른 아침 태양은
속절없이 내 님을 거두어 가네요
가까이하면 사라짐을 알기에
안을 수 없는 님

*취: 온갖 번뇌를 통틀어 이르는 말

해무

도착하지 않은 물안개는
욱신거리는 파도 속으로
가을을 하얗게 핥고 간다
건물은 무리 지워 실루엣 입고
칼날의 햇살 앞에
검푸른 파도를 토하며
숨소리는 추분 속으로 묻힌다

알프스 천사

하늘 끝자락에 부는 바람
별 모양 앙증맞은 얼굴들이
벨벳처럼 보드레한 옷 입은
하얗고 순수한 꽃망울들
샤프 베르크 산악열차는
쨍쨍한 해 품은 채
행여 품에 들까 다 비운 속
살갗에 소금꽃 피운다
동공 속 전경들 겹겹이 채우고
향기와 흔적 찾는 동심 세계로
사운드 오브 뮤직 아이들 만난 듯
말갛게 씻겨진 기운들
심장에 박힌 에델바이스 씨앗이
깃털처럼 흥얼거린다

감나무 집

우듬지에 달린 홍시들이 나를 반긴다
마당 모퉁이에 황소가 놀란 눈으로
음~메 소리 지르고
누비는 닭들 갑자기 허둥지둥 바쁘다
따스한 햇살도 뛰어와 반갑게
손님맞이한다
한 장면 영화 보듯이 신기함에 기웃거리며 둘러본다
정지간 안은 번들거리는 가마솥 세 개 나란히 웃는다
책과 영화에서 본 것이 실체는 정겹고 신기함이다
까치밥 남겨둔 홍시들이 내 발목 꼬옥 잡았다
풍성한 까치밥이 이어준 감나무 집

망초대

시골집 마당 가운데 꽃술이 생겼다
그 밑에 잠든 고양이
부르릉 소리에도 고개만 들고 쳐다본다
마당까지 들어서 차가 빵-
경적을 울리고서야 움직이는 몸
시멘트 틈 사이 비집고 올라온 망초
작은 보금자리는
고양이 개 나비들이 드나드는 쉼터였다
호미로 뿌리째 뽑으려다
꽃들 항의하듯 쳐다보는 눈빛에 멈칫하는 손
어느 날 시멘트로 숨통과 입을 막아
이제야 틔운 숨이다
잡초라는 이름으로
힘 있는 사람의 손에 뽑혀
또다시 난간으로 밀려난다

삼계탕

지은 죄도 없이 머리 날아가고
다리도 꽁꽁 묶인 채
가마솥 열기에 익어간다
머리는 어디에 버리고
할복한 뱃속에 인간들은 무슨 짓을 한 거지?
복날만 다가오면 떼죽음 예고하고
불안한 기운
꿩과 인 닭과 공작은 같은 조류인 핏줄인데
동물원에서는
공작의 화려한 날개를 보려고 줄 서서 기다리고
복날 삼계탕집 앞에서는
몸보신하려고 줄 서서 기다린다

낙엽 한 장

소리 없이 걸어와
앉는 나뭇잎 반가움에 놀란다
솔잎 향내 부는 바람 머무는 곳
댓잎 사이 박제된 잠자리
한 때의 족적
사방 두루 볼 수 있는 눈
화려한 실루엣 가녀린 배로
공중 한 곳 교배로 머무는 짜릿한 묘기
하늘 회전에 환호가 울려 퍼진다
추억의 도가니에
태우고
버리고
남겨진 추억을
목구멍에서 심장까지 파고드는
그때의
내 낙엽 한 장

너는 내 편

팽팽하게 밀려와 철썩 안긴다
한 발 앞선 급한 발
동행한 친구 미늘에 걸려 눈앞에서
발버둥 치는 모습 떠올라
겹쳐진 눈망울 한꺼번에 쏟아낸다
안간힘으로 당기다 비늘 두 장 뜯긴 채
보낸 친구 얘기에 입 가리고 큰 호흡 한다
꿈과 현실을 모호하게 걸치고
저편 섬과 하늘을 품어 본다
수평선너머 구름꽃 함성처럼 피면
금메달 조롱조롱 매달은 친구
만선 깃발 휘날리며 자족스런 얼굴
음역 넘나들며 팡파르 울리는 파도
기억의 바다에서 한 땀 한 땀 건지는
황혼녘 해탈의 씨 흩날리는
결코 마르지 않는 열정은 내 편

달팽이

집 한 채 짊어지고 태어났다
비 오는 날과 밤을 좋아하는 야행성
먹이와 살길 찾아 나서는
널찍한 밀대로 발자취가 훤하다
거북이 같이 느리지만
부릅뜬 두 눈과 미끈거리는 몸
살려고 살아보려고 애쓴다
정직하게 살아간다
파란 채소 먹으면 파란 똥
빨간 과일 먹으면 빨간 똥을
꿈을 향하여 자연을 벗 삼아
인생의 주인공으로 살련다

또 다른 항해를 위하여

한 번쯤 멈추고
다시 바닥에 남은 짐을 챙긴다
잃음과 얻음
맺힘과 풀림은
쉴 새 없이 파도가 되어
높고 낮은 음역으로 노래한다
이 파고를 뚫고 나아가야 한다
거센 풍랑과 천둥 번개에도
사랑은 떠나지 않고
끝나지 않은 가락으로 어어지기에
깃털처럼 가볍게
수평선 너머 떠나기 위해
불투명한 안개를 헤치며
다시 방향을 잡고 키를 잡는다

□해설

가족애, 그 따뜻한 울타리

강영환
시인

□해설

가족애, 그 따뜻한 울타리

강 영 환

　시인은 자연이나 사물을 만나 대상이 갖는 내밀한 의미를 간파하고 대상으로 하여금 스스로 의미를 말하게 해야 한다고 한다. 이것은 사물이나 대상을 하나의 존재로 파악하는 것이다. 곧 존재 인식의 방법론으로서 타자 인식에 속한다. 버지니아 울프는 사물이 말할 때까지 기다렸다고 한다. 프랑시즈 퐁주도 사물을 앞에 놓고 사물이 자신에게 말을 걸어 올 때까지 기다리고 사물의 객관적 정서가 드러날 때까지 기다렸다는 것이다. 이는 자연이나 사물의 타자화를 통하여 인간 중심적인 세계를 허물고 세상의 폭을 확장 시켜 나가는 인식 방법이다. 인간 중심적 사고는 쉽게 감상에 빠지기 쉽다. 현대 시는 사물이나 자연도 상상의 주체가 될 수 있다고 생각하는 데서 인식의 출발점을 갖는다. 사물이나 대상들의 행동을 보고 눈빛을 읽어낸다. 노자나 그리스 철학에서도 사물의 비대상화, 타자화가 이뤄져 왔음을 본다. 그러므로 시는 대상과 자아의 구별이 없는 데서 출발한다. 시인은 사물이나 대상이 말하고 느끼고, 생각하는 것을 보고 듣고 느낄 수 있어야 한다. 이러한 사고는 인간 중심적인 휴머니즘의 반성에서 출발한다. 결국 시는 현실에 대한 반영이다. 시인은 맞닥뜨리는 자신의 일상에서 소재를 구한다. 보고 듣고 느끼는 일상이 곧 삶이고 그 삶에서 시인은 어떤 영감을 얻고 그것을 형상화한 것이 시다. 시인은 곧 시를 통하여 독자와 소통하게 된다. 그러기에 시를 들여다보면 시인의 삶이 보일 수밖에 없다. 시인이 관심을 두는 소재나 관심사를 발견하는 일은 그 시인을 이해하는 가장 확실한 방법론이다. 배연옥 시인도 예외가 될 수 없다. 배연옥 시인은 작품 속에서 자신의 가족에 대한 지극한 사랑의 마음을 쏟아내는 모습을 보여 준다. 아내로서 또는 한 어머니로서 갖는 당연한 모습일 것이다. 그것들은 시에 앞서서 배연옥 시인의 의식을 지배하는 한국인의 아내가 지켜야 할 도리 같은 것이기도 하다. 그래서 배연옥 시인의 작품은 가정적이며 한국인의 어머니상을 작품에 잘 드러내고 있다 할 것이다.

배연옥 시인을 처음 만난 것은 영광문화예술원 시 창작 교실에서다. 지인의 소개로 왔다는 배연옥 시인은 등단 과정을 거친 시인으로서 자신의 시 세계를 확장 시키고 심화시키기 위하여 왔다고 하였다. 물었다 어떻게 해서 시를 쓰게 되었는가? 시를 쓰게 된 계기가 무엇인가를 알고 싶었다. 한 사람의 시인이 되기 위해서는 시 정신 또는 어떤 사명감 같은 것을 가져야 하기에 그저 취미활동의 일환으로 시를 쓰는 것은 아닌가하여 물어본 것이다. 배연옥 시인은 그날 과제로 제출한 「향불」에 대해 먼저 이야기를 풀었다. 시어머니 제삿날 상차림 앞에 타오르는 향불을 보며 시를 썼는데 그 시를 본 남편이 극찬하며 시를 써보라고 권유해서 쓰게 되었고 시집을 내어 주겠다는 말에 더욱 정진하게 되었다고 말해 주었다. 시인에게 시를 쓰게 된 계기가 확실하게 마련되어 있다는 것은 자신의 시 세계를 이끌어 나가는데 일정한 역할을 할 것이라는 생각이 들어 더욱 열심히 하라는 격려를 해 주었다.

어머니 생전에는 몰랐습니다
가시고 난 빈자리
풀빛만 가득 남은 뜻을
이제야 알게 되었지요
긴 겨울밤 부뚜막 위에는
신발 나란히 짝지어 세워 둔
그 온기에 그냥 웃지요
어머니 손이 지나갔을

작은 신발들이 온기를 품고
집에 가는 발을 품어 주었음을
짐작하지 못한 어머니 손길
가시고 난 뒤 깨우친 미련함
젯상에 향내 퍼지는 오랜 시간
어머니 그늘을 만져봅니다
오시는 발걸음 소리가 참 맑습니다

—「향불」 전문

　많은 첨삭과 퇴고가 이뤄진 이 작품은 배연옥 시인을 시인의 가문으로 이끈 인연을 가진 작품이다. 남편이 극찬하며 시인의 길로 이끈 작품이기에 남다른 애착을 갖는 작품이다. 첫 시간에 이 작품을 갖고 첨삭 지도를 하는데 단어 하나까지 애착을 가지며 첨삭을 가로막는 것이었다. 그만큼 남편에 대한 존경심과 작은 흔적을 간직하고 싶은 때문인 것으로 이해 되었다. 처음 작품에서는 관념어의 사용과 잦은 추상어 사용으로 언어 사용에 어떤 한계를 지니고 있어 보여 그 부분을 지적해 주는데도 다소 방어적으로 반응하며 남편의 칭찬이 깃든 작품에 깊은 애착을 갖는 것이었다. 스스로는 남편이 극찬해 준 작품이기에 자신에게는 무엇보다도 완성도가 높은 것으로 믿고 있던 것이다. 그도 그럴 것이 남편으로서도 칭찬을 안해

줄 수 없는 작품이 아닐까. 자신의 어머니에 대한 회고를 아내가 해준데 대한 보답으로 칭찬을 아끼지 않을 수 없었을 것이다. 며느리가 돌아가신 시어머니에 대한 회고는 쉽게 풀어낼 수 없는 일인데 제상 앞에서 피어오르는 향불내에 울컥 시어머니 모습을 그리워하고 추모했던 것이 가상했을 것이다. 누구보다도 더 굳게 믿는 남편의 칭찬을 듣게 된 배연옥 시인의 시 쓰기는 그렇게 인연이 되어 가족에 대한 사랑과 자식들이 그리울 때마다 과거를 회상하며 행복했던 때를 떠올리는 일상의 지극한 모습을 시에 담아내며 삶의 위안을 삼는다. 이런 모습을 볼 때 시는 배연옥 시인에게는 남편이 남긴 선물이라고 보여진다. 어쩌면 배연옥 시인은 행복과도 같은 선물을 풀어내는 것만으로도 절로 행복해지는 것으로 보여지는 것은 나만의 생각일까. 이 시집을 읽어나가는데 이해의 열쇠는 시를 쓰게된 동기에서부터 출발하면 될 것이다. 배연옥 시인의 시 정신이 가장 잘 구현된 작품을 들러보면,

제 몸 으스러지는 줄 모르고
노래하고 또 노래 부르면서
형제끼리 밤낮 음역대 맞춘다
모난 돌 섞일 때마다
뾰족한 모서리 시퍼렇게 멍들고

서로 살 비비며 깎아낸다
철썩거리며
물때 들고 날 때마다 아프다
짜갈 짜갈 짜갈 짜갈…
불협화음 속 아우성
물살 움켜쥐고
또다시 소리 질러본다
눈 부신 햇살과 바람의 응원들
갈고 닦인 매끈한 몸매
동글납작한 몽돌네 가족
쉼 없이 부딪치며 닮아간다

―「몽돌네 가족」 전문

 이 시는 한 가족이 성장해 가면서 느끼는 온갖 풍파와 맞서면서 역경을 이겨내고 어떻게 행복을 찾아가는 것인지 밝혀내고 있다. 사람이 행복을 느끼게 되기까지의 과정을 몽돌이 깎이어 둥글게 태어나는 과정에 비유하여 형상화한 작품이다. 밀려오는 세파에도 자신의 몸이 으스러지는 줄도 모르고 형제끼리 음역대를 서로 맞춰가며 노래 부른다. 모난돌이 형제들 틈에 섞일 때면 뾰족한 모서리에 멍이 들 때까지 서로 살 부비면서 모서리를 깎아낸다. 물이 들고 날 때마다 깎인 살은 아프고 불협화음이 울려 나올 때

물살을 움켜쥐고 소리 질러 본다. 그러나 그 아픔 뒤에 오는 것은 행복이다. 눈부신 햇살과 바람이 있기 때문이다. 그런 시련들 속에서 갈고 닦인 몸매는 둥글고 부드럽게 서로를 닮아 간다. 서로 몸 부딪히며 가족애를 깊이 느끼게 되는 한 가정의 모습을 깊이있게 관찰하여 쓴 가작이 아닐 수 없다. 시인의 가족에 대한 시선과 지극한 사랑을 보여주고 싶은 작품이라고 본다. 시를 쓰게 된 계기도 돌아가신 시어머니에 대한 애틋한 그리움이 궁극으로 가닿은 가족애였다. 배연옥 시인이 가닿고자 하는 아름다운 세계는 가족이 다복하고 행복한 세상일 것이다. 그런 눈으로 세상을 읽고 세상을 만들어 간다.

경계 밖 하늘이 보이지 않는 길을 나른다
출렁거림을 발바닥에 싣고
신세계를 향한 샌프란시스코
10년 전, 군 복무 마치고 떠난
100일간을 바이크 타고 유럽 횡단한 청년
바람 따라 빛 찾아 나선길
단소와 기타로 길거리 연주를 즐기며
경계 밖 청춘들에게 묻는다
꿈은 무엇이냐고

'꿈 배달 프로젝트 철가방 들고 세계로'

―「물꼬」앞 부분

  배연옥 시인의 아들이 군 제대를 한 후 혈혈단신으로 바이크를 타고 세계 일주에 도전한 내용을 시로 형상화하였다. 버스킹을 해가며 청춘의 꿈을 위해 100일간을 유럽을 횡단한 청년이 아들인 것을 자랑스럽게 말한다. 시적 형상화나 비유법 없이 사실적 표현으로 당당하게 보여준다. 어떤 기록물로 여겨도 될 것 같다. 아들의 대견스런 바이크 세계 일주와 이에 대한 자랑스러움이 뭉클거린다.

  이렇듯 배연옥 시인의 작품에는 가족에 대한 작품들을 쉽게 만날 수 있음이 이 시집을 편안하게 읽히게 한다. 「늙은 호박」, 「항아리」, 「다락방」, 「간장에 핀 꽃」, 「숨 쉬는 이정표」, 「꿈틀거리는 청춘」, 「제트보트」, 「구름 문 열쇠」, 「초성 낱말퀴즈」, 「한 마음」, 「오만원 권 두 장」, 「호랑이띠 이름표」, 「첫상 차림」, 「어머니 손두부」, 「폭염과 「물총」, 「그날」, 「달과 일곱 별」, 「감나무 집」 등의 작품에서 개척적인 아들의 모습이나 학교생활에 적응해가는 손자들이나 어머니 혹은 시어머니의 모습들을 따뜻한 시선으로 그려내고 있다.

  백지에 점 하나
  눈을 감아야 길이 보인다

천 천국 별 찾아가는 길
　　고운사에 다녀오면 천국에 간다고 기억하는 손자

　　"할아버지가 천 천국에서 한 계단만 내려오면 우리 다시 만날 수 있겠어요!"

　　그 말에 순한 웃음을 지으며 그 길 찾으러 눈을 감고 꿈속으로 한 걸음 옮겨본다
　　좁은 숲길을 걷는다 풀잎들이 말 걸어온다 어디까지 가느냐고 묻는다 구천에 가 볼까 했더니 엉덩이 들썩이며 말벗 되고 싶다며 따라온다 귀찮아 눈을 떴다

　　지울 수 없는 눈물 한 방울

　　　　　　　　　　—「숨 쉬는 이정표」 전문

　　이 작품도 손자를 통해서 가족 간에 이어지는 끈끈한 유대감을 그려내었다. 백지에 찍힌 점 하나까지 하늘과 연결된 길이다. 이 길은 눈을 감아야 보이는 하늘로 가는 길이다. 그 길을 따라가면 별에게로 연결된 길이 있다. 죽어 염라대왕 앞에 서면 '고운사에 다녀왔느냐?' 물었다는 유래를 손자에게 얘기한 적 있다. 그 얘기를 기억하는 손자가 할아버지가 있는

천국에서 한 걸음 내려오면 우리와 만날 수 있겠다고 말한다. 화자는 만날 수 있는 길을 찾아 눈을 감고 꿈길로 한 걸음 옮겨 본다. 좁은 숲길이다. 풀잎들이 말 걸어온다. 어디까지 가느냐고 묻는다. 구천에 가볼까 했더니 엉덩이 들썩이며 말벗이 되고 싶다고 따라온다. 풀들이 귀찮아 눈을 떴다. 지울 수 없는 눈물 한 방울이 눈가에 맺혀 있다. 눈물에 만나지 못한 아쉬움이 묻어난다. 삶과 죽음에 관한 문제는 누구나 가지고 있는 과제다. 시적 화자가 손자를 통하여 만나는 죽음은 무섭지가 않다. 아름답기까지 하다. 화자는 손자를 빙자하여 하늘나라로 꿈을 통해 달려간다. 꿈길에 서 있는 풀잎들도 자신을 따라오며 말을 걸어온다. 엉덩이 들썩이며 일어선 풀들이 따라 나선다. 그런 풀들이 귀찮아서 눈을 떠보니 보고싶은 이를 만나지 못한 애틋함에 눈가에 눈물방울이 맺혀있다는 내용이다. 천 천국은 하늘에 있는 천국을 표현하는 시인의 접근 방식이다. 천국이라고 하면 될 것을 굳이 천 천국이라고 한 것은 그만큼 죽음의 깊이가 멀고 깊다는 의미를 담기 위함일 것이다.

적막 걷어 내고 강물을 되돌려 보낸다
기상나팔이 깨우는 바람은 새들을 소환하고
느닷없이 이어진 가족회의에서
꿈 피울 다짐하기 햇볕 좋은 날

태양이 뿜어내는 박동 소리로 날아오른다
두려움에 포기했다가 일어서기 반복하지만
한 발짝도 뗄칠 수 없는 꽃받침 자리가 내 자리다
인연 따라 이어진 핏줄들 새겨진 발자국
이들이 가지이고 살아가는 뿌리다
훈장처럼 박힌 생채기가 떨군 얼굴
하얗게 불태운 그늘들 먼지처럼 흩어진다
점으로 태어나 사라지는 한 줄기 빛이구나
뜬구름 접고 스르르 잠드는 밤

―「나는 누구인가」 전문

가족에 봉사하는 자신의 모습을 자화상으로 표현해 낸 작품이다. 첫 행에서 밤이 간직한 적막을 걷어 내고 강물을 돌려보낸다는 의미는 세월을 되돌려보낸다는 의미이다. 그것은 과거 회상에 대한 장치다. 과거의 한 날 아침에 잠 깨니 바람이 새소리를 소환하고 날이 좋아 가족회의를 통해 나들이를 계획한다. 태양의 박동소리로 날아오르는 설레임이 찾아 온다. 나들이가 두렵기도 하지만 자신은 꽃을 떠받들어야 하는 꽃받침 자리이기에 두려움을 떨치고 일어서야 한다. 꽃받침 자리는 핏줄 인연에 발자국이 찍혀있는 뿌리 자리다. 가족을 위해 헌신하고 나를 앞세우기 보다는 가족이 먼저임을 스스로 깨우치는 자리다. 그러기에 많은 생체기들이 훈장처럼 박혀 있다. 어렵고 어두운 그늘들을 불태운 자리가 하얀 먼지로 흩어지고 그 숱한 어려움들도 생각해 보면 점 하나로 태어나 사라지는 한 줄기 빛에 불과한 것이구나 자각한다. 그런 일로 나는 특별한 나이기에 뜬구름이나 잡고 스르르 잠에 든다. 그것이 내가 갖는 최상의 행복이란 것이다. 가족에 대한 헌신과 봉사의 마음이 적절하게 표현된 작품이다. 이런 형태의 작품으로는 「이데옵시스 왕나비」, 「원앙새」, 「기도」, 「추상」, 「돌꽃」, 「꿈꾸는 그 돌산」, 「황금통에 사는 소」, 「붓끝에서 피는 꽃」,. 「어떤 연서」, 「취」 등을 꼽을 수 있다.

  칠 일 전
  찢어진 나를 찾아 나선다
  굴레에서 벗어나지 않으려 애쓴 날
  눈을 감고 그림자를 따라 나섰다
  첫날인 듯 아닌 듯 눈빛 따라 걷던 그날들
  단거리로 착각하고 앞만 보고 달린 길
  여섯 언덕을 넘기고 서는
  걸어온 길은 꽃을 보는 여행이었다
  유년 시절
  마당에서 주고받는 어두운 표정들
  한없이 낮은 소리

"참 아까운 아들이지…"

다 하지 못한 사랑
깊이 나누지 못한 동기간
정답 찾지 못한 아들애
뒤안길에 서서 떨고 있다

—「나를 찾아 나선 길」 전문

 시적 화자는 불현듯 지난 어린 시절을 찾아 나섰다. 찢어진 나는 기억 속에서 온전하게 남아 있지 않고 레고 블록처럼 맞추어야만 온전하게 나를 알 수 있기에 그렇게 표현한 것이다. 이 삶이 주는 굴레에서 벗어나고 싶지 않은 날 찾아가는 유년이다. 그림자를 따라나섰다는 표현은 그림자는 지나간 과거를 보여주는 상징이다. 처음 만난 일인 듯 아닌 듯한 그날들이 펼쳐진다. 화자는 그때부터 단거리 경주하는 선수처럼 달리기만 했다. 여섯 언덕은 60고개를 의미한다. 그 고개를 넘어서고 보니 나의 길은 꽃이 핀 길로만 여겨지고 꽃길 속에도 아픔이 있었다. 그때 겪었던 아픔 속에는 마당에서 속삭이는 소리가 귀에 들렸던 그때가 남아 있다. 아픔은 다하지 못한 사랑이 남은 동기간의 죽음이다. 삶의 길에 아직 정답을 찾지 못한 아들의 고뇌와도 연결되는 어릴 적 오빠의 죽음을 떨쳐내지 못하고 얽매여 있는 자신은 아직도 뒤안길에서 떨고 있는 어린 날 자신을 찾아낸다. 어릴 적 겪었던 동기간의 죽음을 생각하면서 아들을 걱정하는 것이 자신의 모습임을 발견한다. 자식 사랑에 빠진 어머니의 모습이 투영되기도 한다. 배연옥 시인의 작품에는 자신의 모습에는 늘 가족과 연루되어 있는 자신임을 발견하는 인식이 앞선다.

나비가 내 곁에 온 건
숲이 내게 준 선물이다
태양 아래 날개가 꿈틀거린다는 건
잊었던 꿈을 화염 속에 던지는 일이다
나비가 하늘 열고 연필 잡는 건
촉수를 뻗어 신문고를 울리는 일이다
한 줌 빛이 언어로 이어진다는 건
동굴 속 길을 읽고 있음이다
붉은 노을을 둘이서 호흡한다는 건
곁에 오래 있어 준 날갯짓 때문이다
눈앞에 달콤한 꽃길을 품었다는 건
선물 받은 지금 이 순간이다

―「이데옵시스 왕나비」 전문

시인의 고향에는 남편이 살았던 옛집이 있는데 그

집 안에는 감나무가 있고 어느 날 남편의 친구분들과 그 감나무를 베었는데 그날 밤 이데옵시스 왕나비가 방에 따라 들어와 새벽까지 머물다 날아간 일이 있어 이 작품이 탄생한 배경이라고 한다. 남편이 사랑하던 어릴 적 그 감나무를 베었다는 자괴감이 나비로 나투어 보여준 것이리라. 생각지도 않은 나비가 내 곁에 날아왔다. 일상에서 함께하는 마음이 느껴진다. 감나무는 남편이 어린 시절에 가까이 지냈던 아끼는 나무였을 것이다. 감이 열리면 따먹고 감꽃이 피면 따먹고 시골에서는 감나무가 친구처럼 가까운 사이였다. 그 감나무를 베었을 때 갖는 남편에 대한 부채의식이 발현한 나비이리라.

  사랑하는 사람에게는 꽃을 보아도 그대 생각이고, 별을 보아도 그대 생각이고, 맛있는 아이스크림을 먹어도 그대 생각이다. 이별을 한 사람도 그렇다. 좋은 일이 있어도 생각나고, 나쁜일이 있어도 생각나는 것이다. 이별이 지워지기까지는 숱한 세월이 흘러야 함을 배연옥 시인은 말한다.

  멀리서 기다립니다
  님의 향기 풍겨 오기를요
  진득하게 오랫동안 기다릴게요
  멀리서 오는데 시간이 걸리겠지요

"유사자연향(有麝自然香)
사향이 있으면 저절로 향기가 나게 마련인데"

"하필 당풍립(何必當風立)
어찌 반드시 바람 앞에 서야 하겠습니까?"

깃털처럼 올라
바람의 도움으로 꽃불 붙여
텅 빈 하늘에 꽃물 들입니다

—「어떤 연서戀書」전문

위 작품은 서예 작품을 보고 쓴 작품이다. 배연옥 시인의 남편은 중등학교에서 교장으로 퇴임하고 붓글씨 작품으로 많은 서예 공모전에 입상한 경력을 가진 서예가다. 시의 대상이 된 작품도 남편이 남긴 유작이다. 사랑하는 마음을 향기에 빗대어 표현하는데 더욱 그리는 마음을 깊이 있게 형상화해 낸다. 그 취지는 "사향이 있으면 저절로 향기가 나게 마련인데 어찌 바람 앞에 서서 향기를 날리려 하나이까" 향기를 지닌 당신은 바람 불지 않아도 내게 다가와 그 마음의 향기를 보내 주시라는 간곡한 부탁을 담고 있다. 깃털처럼 올라 바람의 도움으로 꽃불 붙이고 그대 오시는 텅 빈 하늘에 꽃물을 들이겠다는 연서를 띄워

보낸다. 요즘 시대에는 걸 맞는 사랑의 표현으로 조선시대 황진이나 매창의 애절한 연정을 보는 듯하다.

> 문득 일어선 뿌리
> 눈에 들인 어둠이 아프다
> 엉켜진 빛들은 물관 매듭을 살린다
> 차가운 눈에 불 밝히며 앞만 보고
> 함께 가면서 호흡으로 여는 발걸음
> 굳어져 가는 몸 감싸 안고 노을을 본다
> 가지에 걸린 붉은색
> 꽃과 열매는 햇살 속에 탐스럽게 빛난다
> 틈 비집고 우듬지에 올리는 젖줄은 생명수
> 누구도 지우지 못한다
> 일 순간 해일로 덮쳐오는 어둠
> 흔들리는 공포 속에 기도문을 왼다
> 따뜻한 손이 내 안에 불을 켠다
> 속앓이 기억은 소나기로 지나가고
> 바람 따라 흔들리는 얼룩진 상처
> 시원한 빗줄기에서 방울꽃이 핀다
> 그대, 뿌리는 안녕한가요

―「뿌리는 안녕한가요」 전문

뿌리를 땅속에 숨어서 몸을 지탱하고 있는 나무의

근본으로만 생각하면 이 시를 이해하지 못한다. 이 작품에서 뿌리는 화자의 삶의 근간을 이루며 나를 지탱해 주는 내 의식이나 사념으로 확장해 보면 훨씬 이해가 빠를 것이다. 뿌리가 누워있지 않고 일어선다는 것은 뿌리가 할 말이 있거나 새롭게 할 일이 있다는 의미이다. 시적 화자의 눈에 들인 어둠이 아프다는 것은 밝고 따뜻한 삶을 가져 보지 못하고 습기찬 어둠 속에서 오래 지내다 보니 눈이 절로 아파오기 마련이다. 화자는 그것을 눈이 아프기보다는 눈에 들인 어둠이 아프다고 우회적으로 빗대어 말한다. 실은 어둠을 너무 오래 보아서 눈이 아픈 것이다. 눈에서 엉켜진 빛들이 있지만 그것들은 물관에 매듭만을 살린다는 것이다. 매듭은 삶을 순조롭게 하지 못하는 장애요인이다. 물관을 나무를 살게하는 핏줄인 것이다. 그래서 차가운 눈에 불 밝히고 앞만 보고 가는 길에 동행을 꿈꾸어 보지만 이내 길은 어두워지고 노을이 걸린다. 내 몸의 가지에 걸리는 붉은색은 나무가 맺은 결실이며 삶의 성과물이다. 어렵고 힘든 계절 속에서도 꽃을 피우고 결실을 맺어 스스로를 빛나게 만든다. 매듭의 틈을 비집고 길어 올리는 물은 젖줄이며 생명수일 수밖에 없다. 그 물은 누구도 지우지 못한다. 그럴 때도 어둠은 해일처럼 밀려와 흔들리는 공포를 안겨준다. 화자는 그 어둠 속에서 기도문을 외며 삶에의 의지를 일으켜 세운다. 그것이 바로 첫

행에 암시한 일어서는 뿌리인 것이다. 곁에 있는 이웃이 따뜻한 손으로 어둠을 쫓아 불을 밝힌다. 속앓이 기억은 빗줄기로 지나가고 바람 따라 흔들리는 어둠의 상처가 소낙비 줄기 속에다 방울꽃을 피운다. 시적 화자는 자신의 뿌리가 가진 상처와 아픔을 전부 드러내 보여 주고는 그대 뿌리는 안녕한가를 묻는다. 자신이 가꾸고 보살피며 함께 행복을 나누어야 할 가족에 대한 메시지를 보내는 작품이다. 이 시대의 굳고 부조리한 어둠들에 대한 엄중한 경고를 보낸다. 위 시에서 타자 인식이 살아 있음을 느낀다. 그러므로 더 뿌리의 본질에 이르를 수가 있게 된다.

  배연옥 시인의 첫 시집의 발간을 진심으로 축하하며 이후로는 가족의 테두리를 벗어나 세계 인류의 근본 문제를 형상화하여 세계와 소통할 것을 주문하고 싶다. 시는 자신의 내부로 향할 것이 아니라 외부 세계와 소통해야 하는 특성을 지니고 있기 때문이다. 자신만의 행복이 아닌 인류 공통의 행복을 추구해 주었으면 한다.